Copyright © 2021 par sebastian voner
Tous droits réservés. Aucune partie de cette publication ne peut être reproduite, distribuée ou transmise sous quelque forme ou par quelque moyen que ce soit, y compris la photocopie, l'enregistrement ou d'autres méthodes électroniques ou mécaniques, sans l'autorisation écrite préalable de l'éditeur, sauf dans le cas de brèves citations incorporées dans des critiques et certaines autres utilisations non commerciales autorisées par la loi sur le droit d'auteur.

D1729060

Ce carnet appartient à :

_____

Projet N :   Date : _____

Nom de la table:

Les fournitures : _____

Bois :

Type	Dalles	Taille	Profondeur

le Scellement : _____

Taille du conteneur : _____

Marque de résine   : _____   Rapport de mélange : _____

Les Couleur : _____

Les Mesures de table :

Longueur du table : _____

Largeur moyenne de la rivière: _____

L'epaisseur de la table : _____

La Quantité requise : _____

Les Coulées de résine :

la base Couche
🧪 la résine + 🧫 le durcisseur = 🥤 Total
………… g …………… g …………… g

la couche 1
🧪 la résine + 🧫 le durcisseur = 🥤 Total
………… g …………… g …………… g

la couche 2
🧪 la résine + 🧫 le durcisseur = 🥤 Total
………… g …………… g …………… g

Les Touches finales

Ponçage

_____
_____
_____
_____
_____
_____
_____

Polissage

_____
_____
_____
_____
_____
_____
_____

Collez votre photo ici

Notes :

Projet N° : _____   Date : _____

Nom de la table : [_____]

Les fournitures : _____
_____

Bois :

Type	Dalles	Taille	Profondeur

le Scellement : _____
_____

Taille du conteneur : _____

Marque de résine : _____   Rapport de mélange : _____

Les Couleur : _____

Les Mesures de table :

Longueur du table : _____

Largeur moyenne de la rivière : _____

L'epaisseur de la table : _____

La Quantité requise : _____

Les Coulées de résine :

la base Couche
🧪 la résine + ⚗️ le durcisseur = 🥛 Total
………. g ………. g ………. g

la couche 1
🧪 la résine + ⚗️ le durcisseur = 🥛 Total
………. g ………. g ………. g

la couche 2
🧪 la résine + ⚗️ le durcisseur = 🥛 Total
………. g ………. g ………. g

Les Touches finales

Ponçage

Polissage

Collez votre photo ici

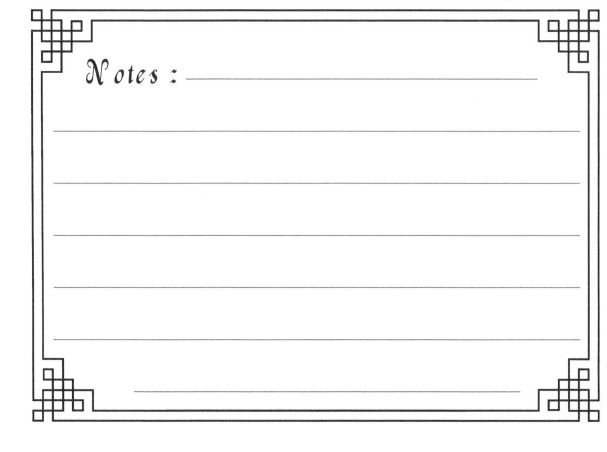

Notes :

Projet N° :   Date : _____

Nom de la table :

Les fournitures : _____

_____

Bois :

Type	Dalles	Taille	Profondeur

le Scellement : _____

_____

   Taille du conteneur : _____

Marque de résine : _____   Rapport de mélange : _____

Les Couleur : _____

Les Mesures de table :

Longueur du table : _____

Largeur moyenne de la rivière : _____

L'epaisseur de la table : _____

La Quantité requise : _____

Les Coulées de résine :

la base Couche — la résine .... g + le durcisseur .... g = Total .... g

la couche 1 — la résine .... g + le durcisseur .... g = Total .... g

la couche 2 — la résine .... g + le durcisseur .... g = Total .... g

Les Touches finales

Ponçage

_____
_____
_____
_____
_____
_____
_____

Polissage

_____
_____
_____
_____
_____
_____
_____

Collez votre photo ici

Notes :

Projet N° : Date : _____

Nom de la table :

Les fournitures : _____
_____

Bois :

Type	Dalles	Taille	Profondeur

le Scellement : _____
_____

Taille du conteneur : _____

Marque de résine : _____ Rapport de mélange : _____

Les Couleur : _____

Les Mesures de table :

Longueur du table : _____

Largeur moyenne de la rivière : _____

L'epaisseur de la table : _____

La Quantité requise : _____

Les Coulées de résine :

la base Couche
🧪 la résine + 🧫 le durcisseur = 🥛 Total
.... g   .... g   .... g

la couche 1
🧪 la résine + 🧫 le durcisseur = 🥛 Total
.... g   .... g   .... g

la couche 2
🧪 la résine + 🧫 le durcisseur = 🥛 Total
.... g   .... g   .... g

Les Touches finales

Ponçage

_____
_____
_____
_____
_____
_____
_____

Polissage

_____
_____
_____
_____
_____
_____
_____

Collez votre photo ici

Notes :

Projet N° :   Date : _____

Nom de la table : _____

Les fournitures : _____
_____

Bois :

Type	Dalles	Taille	Profondeur

le Scellement : _____
_____

Taille du conteneur : _____

Marque de résine : _____ Rapport de mélange : _____

Les Couleur : _____

Les Mesures de table :

Longueur du table : _____

Largeur moyenne de la rivière : _____

L'epaisseur de la table : _____

La Quantité requise : _____

Les Coulées de résine :

la base Couche
🧪 la résine + ⚗️ le durcisseur = 🧉 Total
.... g .... g .... g

la couche 1
🧪 la résine + ⚗️ le durcisseur = 🧉 Total
.... g .... g .... g

la couche 2
🧪 la résine + ⚗️ le durcisseur = 🧉 Total
.... g .... g .... g

Les Touches finales

Ponçage

_____
_____
_____
_____
_____
_____
_____

Polissage

_____
_____
_____
_____
_____
_____
_____

Collez votre photo ici

Notes :

Projet N: _____   Date : _____

Nom de la table: _____

Les fournitures : _____

Bois :

Type	Dalles	Taille	Profondeur

le Scellement : _____

Taille du conteneur : _____

Marque de résine : _____   Rapport de mélange : _____

Les Couleur : _____

Les Mesures de table :

Longueur du table : _____

Largeur moyenne de la rivière: _____

L'epaisseur de la table : _____

La Quantité requise : _____

Les Coulées de résine :

la base Couche
🧪 la résine + ⚗️ le durcisseur = 🥛 Total
.... g   .... g   .... g

la couche 1
🧪 la résine + ⚗️ le durcisseur = 🥛 Total
.... g   .... g   .... g

la couche 2
🧪 la résine + ⚗️ le durcisseur = 🥛 Total
.... g   .... g   .... g

Les Touches finales

Ponçage

_____
_____
_____
_____
_____
_____
_____

Polissage

_____
_____
_____
_____
_____
_____
_____

Collez votre photo ici

Projet N° :   Date : _____

Nom de la table : _____

Les fournitures : _____
_____

Bois :

Type	Dalles	Taille	Profondeur

le Scellement : _____
_____

Taille du conteneur : _____

Marque de résine : _____   Rapport de mélange : _____

Les Couleur : _____

Les Mesures de table :

Longueur du table : _____

Largeur moyenne de la rivière : _____

L'epaisseur de la table : _____

La Quantité requise : _____

Les Coulées de résine :

la base Couche
🧪 la résine + ⚗️ le durcisseur = 🥛 Total
.... g .... g .... g

la couche 1
🧪 la résine + ⚗️ le durcisseur = 🥛 Total
.... g .... g .... g

la couche 2
🧪 la résine + ⚗️ le durcisseur = 🥛 Total
.... g .... g .... g

Les Touches finales

Ponçage

Polissage

Collez votre photo ici

Notes : _____

Projet N° :   Date : _____

Nom de la table : _____

Les fournitures : _____

Bois :

Type	Dalles	Taille	Profondeur

le Scellement : _____

Taille du conteneur : _____

Marque de résine : _____ Rapport de mélange : _____

Les Couleur : _____

Les Mesures de table :

Longueur du table : _____

Largeur moyenne de la rivière : _____

L'epaisseur de la table : _____

La Quantité requise : _____

Les Coulées de résine :

la base Couche — 🧪 la résine .... g + ⚗️ le durcisseur .... g = 🥛 Total .... g

la couche 1 — 🧪 la résine .... g + ⚗️ le durcisseur .... g = 🥛 Total .... g

la couche 2 — 🧪 la résine .... g + ⚗️ le durcisseur .... g = 🥛 Total .... g

Les Touches finales

Ponçage

_____
_____
_____
_____
_____
_____
_____

Polissage

_____
_____
_____
_____
_____
_____
_____

Collez votre photo ici

*N*otes :

Projet N :　　　　　　　　　　Date : _____

Nom de la table : _____

Les fournitures : _____
_____

Bois :

Type	Dalles	Taille	Profondeur

le Scellement : _____
_____

Taille du conteneur : _____

Marque de résine : _____   Rapport de mélange : _____

Les Couleur : _____

Les Mesures de table :

Longueur du table : _____

Largeur moyenne de la rivière : _____

L'epaisseur de la table : _____

La Quantité requise : _____

Les Coulées de résine :

la base Couche
🧪 la résine + ⚗️ le durcisseur = 🥛 Total
.... g .... g .... g

la couche 1
🧪 la résine + ⚗️ le durcisseur = 🥛 Total
.... g .... g .... g

la couche 2
🧪 la résine + ⚗️ le durcisseur = 🥛 Total
.... g .... g .... g

Les Touches finales

Ponçage

_____
_____
_____
_____
_____
_____
_____

Polissage

_____
_____
_____
_____
_____
_____
_____

Collez votre photo ici

Notes :

Projet N° :   Date : _____

Nom de la table : [_____]

Les fournitures : _____
_____

Bois :

Type	Dalles	Taille	Profondeur

le Scellement : _____
_____

Taille du conteneur : _____

Marque de résine : _____   Rapport de mélange : _____

Les Couleur : _____

Les Mesures de table :

Longueur du table : _____

Largeur moyenne de la rivière : _____

L'epaisseur de la table : _____

La Quantité requise : _____

Les Coulées de résine :

la base Couche
🧪 la résine   +   ⚗️ le durcisseur   =   🥛 Total
.... g   .... g   .... g

la couche 1
🧪 la résine   +   ⚗️ le durcisseur   =   🥛 Total
.... g   .... g   .... g

la couche 2
🧪 la résine   +   ⚗️ le durcisseur   =   🥛 Total
.... g   .... g   .... g

Les Touches finales

Ponçage

_____
_____
_____
_____
_____
_____
_____

Polissage

_____
_____
_____
_____
_____
_____
_____

Collez votre photo ici

$\mathcal{N}$otes :

Projet N° :   Date : _____

Nom de la table :

Les fournitures : _____
_____

Bois :

Type	Dalles	Taille	Profondeur

le Scellement : _____
_____

Taille du conteneur : _____

Marque de résine : _____   Rapport de mélange : _____

Les Couleur : _____

Les Mesures de table :

Longueur du table : _____

Largeur moyenne de la rivière : _____

L'epaisseur de la table : _____

La Quantité requise : _____

Les Coulées de résine :

la base Couche
🧪 la résine + ⚗️ le durcisseur = 🥛 Total
.... g   .... g   .... g

la couche 1
🧪 la résine + ⚗️ le durcisseur = 🥛 Total
.... g   .... g   .... g

la couche 2
🧪 la résine + ⚗️ le durcisseur = 🥛 Total
.... g   .... g   .... g

Les Touches finales

Ponçage

_____
_____
_____
_____
_____
_____
_____

Polissage

_____
_____
_____
_____
_____
_____
_____

Collez votre photo ici

Notes :

Projet N :   Date : _____

Nom de la table :

Les fournitures : _____
_____

Bois :

Type	Dalles	Taille	Profondeur

le Scellement : _____
_____

Taille du conteneur : _____

Marque de résine   : _____   Rapport de mélange : _____

Les Couleur : _____

Les Mesures de table :

Longueur du table : _____

Largeur moyenne de la rivière : _____

L'epaisseur de la table : _____

La Quantité requise : _____

Les Coulées de résine :

la base Couche
🧪 la résine + ⚗️ le durcisseur = 🥛 Total
.... g .... g .... g

la couche 1
🧪 la résine + ⚗️ le durcisseur = 🥛 Total
.... g .... g .... g

la couche 2
🧪 la résine + ⚗️ le durcisseur = 🥛 Total
.... g .... g .... g

Les Touches finales

Ponçage

Polissage

Collez votre photo ici

Notes :

Projet N° :   Date : _____

Nom de la table : _____

Les fournitures : _____
_____

Bois :

Type	Dalles	Taille	Profondeur

le Scellement : _____
_____

Taille du conteneur : _____

Marque de résine   : _____   Rapport de mélange : _____

Les Couleur : _____

Les Mesures de table :

Longueur du table : _____

Largeur moyenne de la rivière : _____

L'epaisseur de la table : _____

La Quantité requise : _____

Les Coulées de résine :

la base Couche
🧪 la résine + ⚗️ le durcisseur = 🧫 Total
.... g .... g .... g

la couche 1
🧪 la résine + ⚗️ le durcisseur = 🧫 Total
.... g .... g .... g

la couche 2
🧪 la résine + ⚗️ le durcisseur = 🧫 Total
.... g .... g .... g

Les Touches finales

Ponçage

_____
_____
_____
_____
_____
_____
_____

Polissage

_____
_____
_____
_____
_____
_____
_____

Collez votre photo ici

Notes :

Projet N :   Date : _____

Nom de la table : [   ]

Les fournitures : _____
_____

Bois :

Type	Dalles	Taille	Profondeur

le Scellement : _____
_____

Taille du conteneur : _____

Marque de résine   : _____   Rapport de mélange : _____

Les Couleur : _____

Les Mesures de table :

Longueur du table : _____

Largeur moyenne de la rivière : _____

L'epaisseur de la table : _____

La Quantité requise : _____

Les Coulées de résine :

la base Couche
△ la résine   +   ⚗ le durcisseur   =   🥛 Total
.... g   .... g   .... g

la couche 1
△ la résine   +   ⚗ le durcisseur   =   🥛 Total
.... g   .... g   .... g

la couche 2
△ la résine   +   ⚗ le durcisseur   =   🥛 Total
.... g   .... g   .... g

Les Touches finales

Ponçage

Polissage

Collez votre photo ici

Notes :

Projet N° :   Date : _____

Nom de la table : _____

Les fournitures : _____
_____

Bois :

Type	Dalles	Taille	Profondeur

le Scellement : _____
_____

Taille du conteneur : _____

Marque de résine : _____ Rapport de mélange : _____

Les Couleur : _____

Les Mesures de table :

Longueur du table : _____

Largeur moyenne de la rivière : _____

L'epaisseur de la table : _____

La Quantité requise : _____

Les Coulées de résine :

la base Couche
🧪 la résine + ⚗️ le durcisseur = 🥤 Total
……… g ……… g ……… g

la couche 1
🧪 la résine + ⚗️ le durcisseur = 🥤 Total
……… g ……… g ……… g

la couche 2
🧪 la résine + ⚗️ le durcisseur = 🥤 Total
……… g ……… g ……… g

Les Touches finales

Ponçage

_____
_____
_____
_____
_____
_____
_____

Polissage

_____
_____
_____
_____
_____
_____
_____

Collez votre photo ici

Notes :

Projet N :   **Date :** _____

Nom de la table : _____

Les fournitures : _____

Bois :

Type	Dalles	Taille	Profondeur

le Scellement : _____

Taille du conteneur : _____

Marque de résine : _____   Rapport de mélange : _____

Les Couleur : _____

Les Mesures de table :

Longueur du table : _____

Largeur moyenne de la rivière : _____

L'epaisseur de la table : _____

La Quantité requise : _____

Les Coulées de résine :

la base Couche
🧪 la résine ………… g + ⚗️ le durcisseur ………… g = 🫙 Total ………… g

la couche 1
🧪 la résine ………… g + ⚗️ le durcisseur ………… g = 🫙 Total ………… g

la couche 2
🧪 la résine ………… g + ⚗️ le durcisseur ………… g = 🫙 Total ………… g

Les Touches finales

Ponçage

_____
_____
_____
_____
_____
_____
_____

Polissage

_____
_____
_____
_____
_____
_____
_____

Collez votre photo ici

Notes :

Projet N° : ___   Date : ___

Nom de la table : ___

Les fournitures : _____
_____

Bois :

Type	Dalles	Taille	Profondeur

le Scellement : _____
_____

Taille du conteneur : _____

Marque de résine : _____   Rapport de mélange : _____

Les Couleur : _____

Les Mesures de table :

Longueur du table : _____

Largeur moyenne de la rivière : _____

L'epaisseur de la table : _____

La Quantité requise : _____

Les Coulées de résine :

la base Couche
la résine + le durcisseur = Total
.... g   .... g   .... g

la couche 1
la résine + le durcisseur = Total
.... g   .... g   .... g

la couche 2
la résine + le durcisseur = Total
.... g   .... g   .... g

Les Touches finales

Ponçage

_____
_____
_____
_____
_____
_____
_____

Polissage

_____
_____
_____
_____
_____
_____
_____

Collez votre photo ici

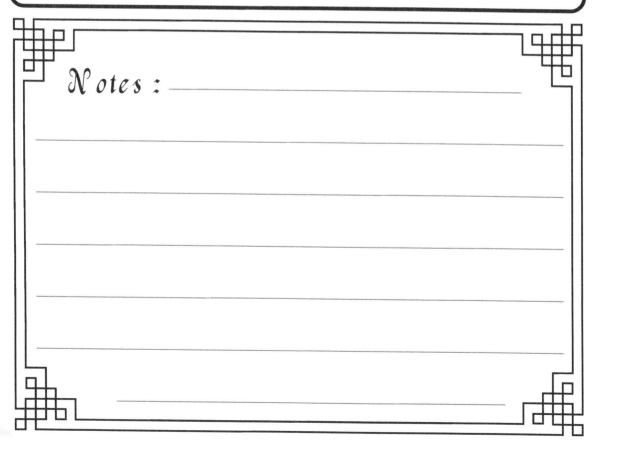

Notes :

Projet N° :   Date : _____

Nom de la table : _____

Les fournitures : _____

Bois :

Type	Dalles	Taille	Profondeur

le Scellement : _____

Taille du conteneur : _____

Marque de résine : _____ Rapport de mélange : _____

Les Couleur : _____

Les Mesures de table :

Longueur du table : _____

Largeur moyenne de la rivière : _____

L'epaisseur de la table : _____

La Quantité requise : _____

Les Coulées de résine :

la base Couche
△ la résine + 🧪 le durcisseur = 🥛 Total
.... g .... g .... g

la couche 1
△ la résine + 🧪 le durcisseur = 🥛 Total
.... g .... g .... g

la couche 2
△ la résine + 🧪 le durcisseur = 🥛 Total
.... g .... g .... g

Les Touches finales

Ponçage

_____
_____
_____
_____
_____
_____
_____

Polissage

_____
_____
_____
_____
_____
_____
_____

Collez votre photo ici

Notes :

Projet N° : _____   Date : _____

Nom de la table : _____

Les fournitures : _____
_____

Bois :

Type	Dalles	Taille	Profondeur

le Scellement : _____
_____

Taille du conteneur : _____

Marque de résine : _____   Rapport de mélange : _____

Les Couleur : _____

Les Mesures de table :

Longueur du table : _____

Largeur moyenne de la rivière : _____

L'epaisseur de la table : _____

La Quantité requise : _____

Les Coulées de résine :

la base Couche
🧪 la résine + 🧴 le durcisseur = 🥛 Total
.... g   .... g   .... g

la couche 1
🧪 la résine + 🧴 le durcisseur = 🥛 Total
.... g   .... g   .... g

la couche 2
🧪 la résine + 🧴 le durcisseur = 🥛 Total
.... g   .... g   .... g

Les Touches finales

Ponçage

_____
_____
_____
_____
_____
_____
_____

Polissage

_____
_____
_____
_____
_____
_____
_____

Collez votre photo ici

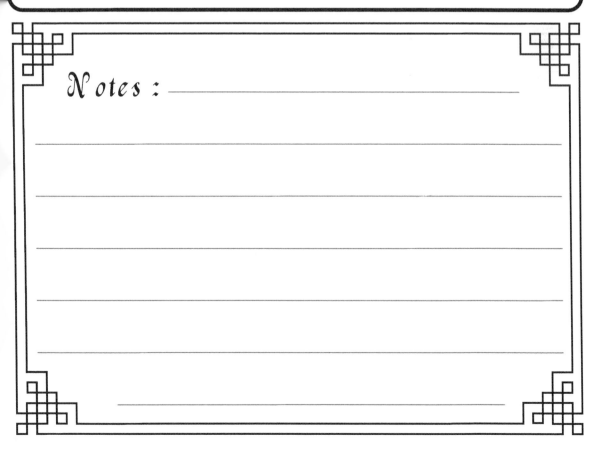

Notes :

Projet N° :   Date : _____

Nom de la table : _____

Les fournitures : _____

Bois :

Type	Dalles	Taille	Profondeur

le Scellement : _____

Taille du conteneur : _____

Marque de résine : _____ Rapport de mélange : _____

Les Couleur : _____

Les Mesures de table :

Longueur du table : _____

Largeur moyenne de la rivière : _____

L'epaisseur de la table : _____

La Quantité requise : _____

Les Coulées de résine :

la base Couche
🧪 la résine + ⚗️ le durcisseur = 🧉 Total
.... g   .... g   .... g

la couche 1
🧪 la résine + ⚗️ le durcisseur = 🧉 Total
.... g   .... g   .... g

la couche 2
🧪 la résine + ⚗️ le durcisseur = 🧉 Total
.... g   .... g   .... g

Les Touches finales

Ponçage

Polissage

Collez votre photo ici

Notes : _____

_____
_____
_____
_____
_____
_____

Projet N° :

Date : _____

Nom de la table : _____

Les fournitures : _____

_____

Bois :

Type	Dalles	Taille	Profondeur

le Scellement : _____

_____

Taille du conteneur : _____

Marque de résine : _____ **Rapport de mélange :** _____

Les Couleur : _____

Les Mesures de table :

Longueur du table : _____

Largeur moyenne de la rivière : _____

L'epaisseur de la table : _____

La Quantité requise : _____

Les Coulées de résine :

la base Couche
🧪 la résine + ⚗️ le durcisseur = 🥤 Total
.... g   .... g   .... g

la couche 1
🧪 la résine + ⚗️ le durcisseur = 🥤 Total
.... g   .... g   .... g

la couche 2
🧪 la résine + ⚗️ le durcisseur = 🥤 Total
.... g   .... g   .... g

Les Touches finales

Ponçage

_____
_____
_____
_____
_____
_____
_____

Polissage

_____
_____
_____
_____
_____
_____
_____

Collez votre photo ici

Notes :

Projet N° : _____   Date : _____

Nom de la table : _____

Les fournitures : _____
_____

Bois :

Type	Dalles	Taille	Profondeur

le Scellement : _____
_____

Taille du conteneur : _____

Marque de résine : _____   Rapport de mélange : _____

Les Couleur : _____

Les Mesures de table :

Longueur du table : _____

Largeur moyenne de la rivière : _____

L'epaisseur de la table : _____

La Quantité requise : _____

Les Coulées de résine :

la base Couche
🧪 la résine + ⚗️ le durcisseur = 🥛 Total
……… g …………… g ………… g

la couche 1
🧪 la résine + ⚗️ le durcisseur = 🥛 Total
……… g …………… g ………… g

la couche 2
🧪 la résine + ⚗️ le durcisseur = 🥛 Total
……… g …………… g ………… g

Les Touches finales

Ponçage

_____
_____
_____
_____
_____
_____
_____

Polissage

_____
_____
_____
_____
_____
_____
_____

Collez votre photo ici

Notes :

Projet N° : ◆ Date : _____

Nom de la table : _____

Les fournitures : _____
_____

Bois :

Type	Dalles	Taille	Profondeur

le Scellement : _____
_____

Taille du conteneur : _____

Marque de résine : _____   Rapport de mélange : _____

Les Couleur : _____

Les Mesures de table :

Longueur du table : _____

Largeur moyenne de la rivière : _____

L'epaisseur de la table : _____

La Quantité requise : _____

Les Coulées de résine :

la base Couche
🧪 la résine + ⚗️ le durcisseur = 🥛 Total
……… g …………. g ………… g

la couche 1
🧪 la résine + ⚗️ le durcisseur = 🥛 Total
……… g …………. g ………… g

la couche 2
🧪 la résine + ⚗️ le durcisseur = 🥛 Total
……… g …………. g ………… g

Les Touches finales

Ponçage

Polissage

Collez votre photo ici

Notes :

Projet N° : ⬚   Date : _____

Nom de la table : _____

Les fournitures : _____
_____

Bois :

Type	Dalles	Taille	Profondeur

le Scellement : _____
_____

Taille du conteneur : _____

Marque de résine : _____   Rapport de mélange : _____

Les Couleur : _____

Les Mesures de table :

Longueur du table : _____

Largeur moyenne de la rivière : _____

L'epaisseur de la table : _____

La Quantité requise : _____

Les Coulées de résine :

la base Couche
la résine + le durcisseur = Total
………… g   ………… g   ………… g

la couche 1
la résine + le durcisseur = Total
………… g   ………… g   ………… g

la couche 2
la résine + le durcisseur = Total
………… g   ………… g   ………… g

Les Touches finales

Ponçage
_____
_____
_____
_____
_____
_____
_____

Polissage
_____
_____
_____
_____
_____
_____
_____

Collez votre photo ici

Notes : ───────────────
─────────────────────────
─────────────────────────
─────────────────────────
─────────────────────────
─────────────────────────
─────────────────────────

Projet N° :   Date : _____

Nom de la table : _____

Les fournitures : _____

_____

Bois :

Type	Dalles	Taille	Profondeur

le Scellement : _____

_____

Taille du conteneur : _____

Marque de résine : _____ Rapport de mélange : _____

Les Couleur : _____

Les Mesures de table :

Longueur du table : _____

Largeur moyenne de la rivière : _____

L'epaisseur de la table : _____

La Quantité requise : _____

Les Coulées de résine :

la base Couche
🧪 la résine   +   ⚗️ le durcisseur   =   🥛 Total
.... g   .... g   .... g

la couche 1
🧪 la résine   +   ⚗️ le durcisseur   =   🥛 Total
.... g   .... g   .... g

la couche 2
🧪 la résine   +   ⚗️ le durcisseur   =   🥛 Total
.... g   .... g   .... g

Les Touches finales

Ponçage

_____
_____
_____
_____
_____
_____
_____

Polissage

_____
_____
_____
_____
_____
_____
_____

Collez votre photo ici

Notes :

Projet N° :   Date : _____

Nom de la table : _____

Les fournitures : _____
_____

Bois :

Type	Dalles	Taille	Profondeur

le Scellement : _____
_____

Taille du conteneur : _____

Marque de résine : _____   Rapport de mélange : _____

Les Couleur : _____

Les Mesures de table :

Longueur du table : _____

Largeur moyenne de la rivière : _____

L'epaisseur de la table : _____

La Quantité requise : _____

Les Coulées de résine :

la base Couche
la résine + le durcisseur = Total
.... g   .... g   .... g

la couche 1
la résine + le durcisseur = Total
.... g   .... g   .... g

la couche 2
la résine + le durcisseur = Total
.... g   .... g   .... g

Les Touches finales

Ponçage

_____
_____
_____
_____
_____
_____
_____

Polissage

_____
_____
_____
_____
_____
_____
_____

Collez votre photo ici

Projet N° :   Date : _____

Nom de la table : _____

Les fournitures : _____
_____

Bois :

Type	Dalles	Taille	Profondeur

le Scellement : _____
_____

Taille du conteneur : _____

Marque de résine : _____ Rapport de mélange : _____

Les Couleur : _____

Les Mesures de table :

Longueur du table :   _____

Largeur moyenne de la rivière : _____

L'epaisseur de la table :   _____

La Quantité requise :   _____

Les Coulées de résine :

la base Couche
la résine ………… g + le durcisseur ………… g = Total ………… g

la couche 1
la résine ………… g + le durcisseur ………… g = Total ………… g

la couche 2
la résine ………… g + le durcisseur ………… g = Total ………… g

Les Touches finales

Ponçage

_____
_____
_____
_____
_____
_____
_____

Polissage

_____
_____
_____
_____
_____
_____
_____

Collez votre photo ici

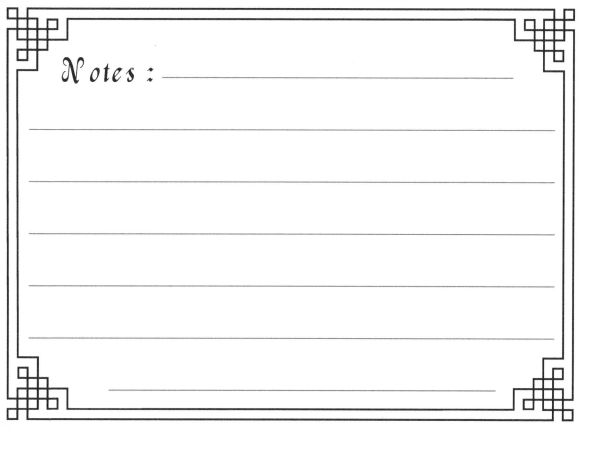

Notes :

Projet N° :　　　　　　　　　　　　Date : _____

Nom de la table: _____

Les fournitures : _____
_____

Bois :

Type	Dalles	Taille	Profondeur

le Scellement : _____
_____

Taille du conteneur : _____

Marque de résine　　:　_____　Rapport de mélange : _____

Les Couleur : _____

Les Mesures de table :

Longueur du table : _____

Largeur moyenne de la rivière: _____

L'epaisseur de la table : _____

La Quantité requise : _____

Les Coulées de résine :

la base Couche
🧪 la résine + ⚗️ le durcisseur = 🥛 Total
.... g   .... g   .... g

la couche 1
🧪 la résine + ⚗️ le durcisseur = 🥛 Total
.... g   .... g   .... g

la couche 2
🧪 la résine + ⚗️ le durcisseur = 🥛 Total
.... g   .... g   .... g

Les Touches finales

Ponçage

_____
_____
_____
_____
_____
_____
_____

Polissage

_____
_____
_____
_____
_____
_____
_____

Collez votre photo ici

Notes :

Projet N° :   Date : _____

Nom de la table : _____

Les fournitures : _____

Bois :

Type	Dalles	Taille	Profondeur

le Scellement : _____

Taille du conteneur : _____

Marque de résine : _____   Rapport de mélange : _____

Les Couleur : _____

Les Mesures de table :

Longueur du table : _____

Largeur moyenne de la rivière : _____

L'epaisseur de la table : _____

La Quantité requise : _____

Les Coulées de résine :

la base Couche
la résine + le durcisseur = Total
.... g   .... g   .... g

la couche 1
la résine + le durcisseur = Total
.... g   .... g   .... g

la couche 2
la résine + le durcisseur = Total
.... g   .... g   .... g

Les Touches finales

Ponçage

_____
_____
_____
_____
_____
_____
_____

Polissage

_____
_____
_____
_____
_____
_____
_____

Collez votre photo ici

Notes :

Projet N: Date : _____

Nom de la table: _____

Les fournitures : _____
_____

Bois :

Type	Dalles	Taille	Profondeur

le Scellement : _____
_____

Taille du conteneur : _____

Marque de résine : _____ Rapport de mélange : _____

Les Couleur : _____

Les Mesures de table :

Longueur du table : _____

Largeur moyenne de la rivière: _____

L'epaisseur de la table : _____

La Quantité requise : _____

Les Coulées de résine :

la base Couche
🧪 la résine   +   ⚗️ le durcisseur   =   🥛 Total
.... g   .... g   .... g

la couche 1
🧪 la résine   +   ⚗️ le durcisseur   =   🥛 Total
.... g   .... g   .... g

la couche 2
🧪 la résine   +   ⚗️ le durcisseur   =   🥛 Total
.... g   .... g   .... g

Les Touches finales

Ponçage

_____
_____
_____
_____
_____
_____
_____

Polissage

_____
_____
_____
_____
_____
_____
_____

Collez votre photo ici

Notes :

Projet N° :   Date : _____

Nom de la table : _____

Les fournitures : _____
_____

Bois :

Type	Dalles	Taille	Profondeur

le Scellement : _____
_____

Taille du conteneur : _____

Marque de résine : _____   Rapport de mélange : _____

Les Couleur : _____

Les Mesures de table :

Longueur du table : _____

Largeur moyenne de la rivière : _____

L'epaisseur de la table : _____

La Quantité requise : _____

Les Coulées de résine :

la base Couche
la résine ………… g + le durcisseur ………… g = Total ………… g

la couche 1
la résine ………… g + le durcisseur ………… g = Total ………… g

la couche 2
la résine ………… g + le durcisseur ………… g = Total ………… g

Les Touches finales

Ponçage

Polissage

Collez votre photo ici

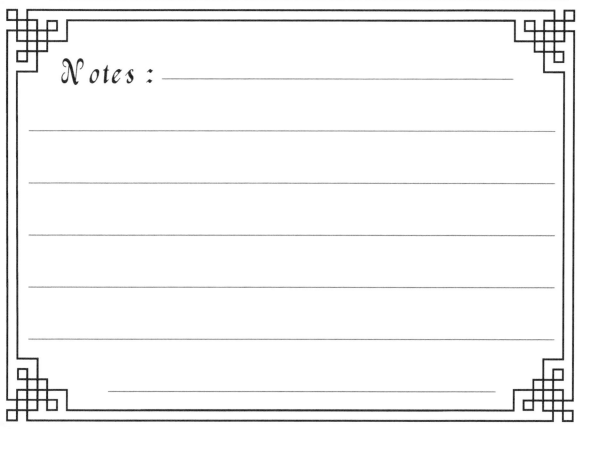

Notes :

Projet N° : _____   Date : _____

Nom de la table : _____

Les fournitures : _____
_____

Bois :

Type	Dalles	Taille	Profondeur

le Scellement : _____
_____

Taille du conteneur : _____

Marque de résine : _____   Rapport de mélange : _____

Les Couleur : _____

Les Mesures de table :

Longueur du table : _____

Largeur moyenne de la rivière : _____

L'epaisseur de la table : _____

La Quantité requise : _____

Les Coulées de résine :

la base Couche
- la résine .... g
- \+ le durcisseur .... g
- = Total .... g

la couche 1
- la résine .... g
- \+ le durcisseur .... g
- = Total .... g

la couche 2
- la résine .... g
- \+ le durcisseur .... g
- = Total .... g

Les Touches finales

Ponçage

_____
_____
_____
_____
_____
_____
_____

Polissage

_____
_____
_____
_____
_____
_____
_____

Collez votre photo ici

Notes : _____

_____

_____

_____

_____

_____

Projet N :   Date : _____

Nom de la table :

Les fournitures : _____
_____

Bois :

Type	Dalles	Taille	Profondeur

le Scellement : _____
_____

Taille du conteneur : _____

Marque de résine   : _____   Rapport de mélange : _____

Les Couleur : _____

Les Mesures de table :

Longueur du table : _____

Largeur moyenne de la rivière : _____

L'epaisseur de la table : _____

La Quantité requise : _____

Les Coulées de résine :

la base Couche
- la résine .... g
- + le durcisseur .... g
- = Total .... g

la couche 1
- la résine .... g
- + le durcisseur .... g
- = Total .... g

la couche 2
- la résine .... g
- + le durcisseur .... g
- = Total .... g

Les Touches finales

Ponçage

_____
_____
_____
_____
_____
_____
_____

Polissage

_____
_____
_____
_____
_____
_____
_____

Collez votre photo ici

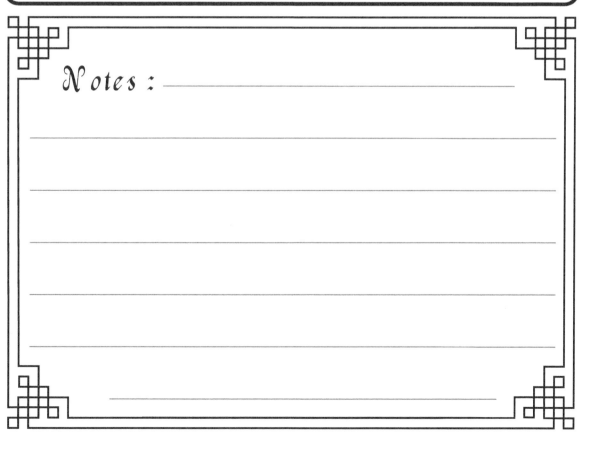

N otes :

Printed in France by Amazon
Brétigny-sur-Orge, FR

14026213R00058